Ubi Penne, ibi patria!

Mletzkos

Lateinisches Zitaten-Lexikon

für

Humoristen und Humanisten

Novizen und Narren

Parodisten, Pennäler und Pensionäre

sowie

Latin Lover

von

Manfred Mletzko

mit Zeichnungen von Uxore Optima

AF192301

carpe diem!Mletzko&Metzker

Originalausgabe

ISBN 3-89811-148-2

© 1999 carpe diem!Mletzko&Metzker

Druck: Libri Books on Demand

Printed in Germany

Inhalt

Hic libellus est omnis divisus in partes duas,

quarum una ut delectet, ut prosit alia enititur

(et vice versa).

Caesar, Commentarii libello callido

Praemittenda

Suntne compatibiles laetitia et lingua Latina? Sunt! Auctori gaudio fore Latinam recte tractatam linguam hominibus persuasissimum est.

Miscuit quasi utile dulci, ut additamento severo iocosae parti addendo magno lectori benevolenti usui gaudioque libellum esset.

Prosit et delectet!

Lanius Lupinus

Aquae Essendiae, aetate MCMXCIX

Dieses Büchlein zerfällt in zwei Teile, einen ersten, vergnüglichen und einen zweiten, lehrreichen (und umgekehrt).

Cäsar, Kommentare zu dem fein erdachten Buch

Zum Geleit

Spaß und Latein - geht das überhaupt zusammen? Ja! Der Autor ist ganz sicher, daß Latein Menschen Freude machen kann, wenn es auf rechte Weise betrieben wird.

Dieses kleine Lexikon verbindet das Angenehme mit dem Nützlichen. Dabei zerfällt es, wie der geneigte Leser auf den ersten Blick erkennen wird, in zwei Teile:

Im ersten, dem spaßigen Teil, werden lateinische Zitate nach allen Regeln der Kunst verballhornt, kongenial eingedeutscht und mit einer streng pseudowissenschaftlichen Quellenangabe versehen.

Verweise, die mit „s. a." (siehe auch) markiert sind, führen den Leser quer durchs Alfabet zu unsinnverwandten Einträgen. Ein Verweis im Originalwortlaut, mit einem Pfeil versehen, hilft ihm, die seriöse Übersetzung mit Fundstelle im ebenfalls alfabetisch geordneten Anhang „Ad fontes - zu den Quellen", dem ernsthaften Teil des Büchleins, bequem zu finden.

Nutzen und Freude wünscht allen Leserinnen und Lesern

Manfred Mletzko

Bad Essen, Sommer 1999

Quis leget haec?

(Persius, Saturae)

Abi, in malam crucem!

Abi, zum Henker! schrie Humboldt auf die Frage, wie man denn die Reifeprüfung an der reformierten gymnasialen Oberstufe künftig nennen solle.
(s. a. *Extra Gymnasium nulla salus.*)

>*Abi in malam crucem!*

ab Inge ignem

Von Inge Feuer oder: *Inge hat Feuer,* schwärmte Cicero von seiner Schwägerin, die als die "rote Inge" stadtbekannt war.
(s. a. *Ingi et ferrero*)

>*ab igne ignem*

ab ovo usque ad mala

Vom Ei bis zu den Übeln. Wie Horaz berichtet, begann das römische Mahl mit dem Verzehr eines oder mehrerer Eier. Danach aß man stundenlang weiter - bis zum Erbrechen.
(s. a. *Cave panem!*)

>*ab ovo usque ad mala*

Abstine in cantine!

Enthalte dich in der Kantine! rät Epiktet allen Fettleibigen.
(s. a. *Tabula nocet.*)

>*Sustine et abstine!*

Ab uno pisce omnes!

Von einem Fisch alle oder: *Kennst du einen Fisch, kennst du alle,*
schloß Petrus am See Genezareth seinen denkwürdigen Vortrag über
das Fischereiwesen. (Anglerlatein)
(s. a. *prima facie*)

>*Ab uno disce omnes!*

Ab urbe conditor

Vom Stadtkonditor, schwärmte die Gattin des Livius, als man sie
beim Kaffeekränzchen nach der Herkunft ihrer Süßigkeiten fragte.
(s. a. *fides panica*)

>*Ab urbe condita*

Acta sunt servanda.

Die Akten sind aufzubewahren. Anweisung der Bundesregierung an
die Gauck-Behörde.
(s. a. *Quod non est in actis, non in mundo.*)

>*Pacta sunt servanda.*

actus purus

Der reine Akt. Das Gegenteil vom unreinen Akt.
(s. a. *a tergo*)

>*actus purus*

Ali ad acta est.

Ali ist bei den Akten, zu den Akten gelegt. Vermerk auf einem Aktendeckel des Amtes für Ausländerangelegenheiten.
(s. a. **Anni futuri**)

>*Alea iacta est.*

Alma mater

Mutter Alma hieß die Kneipenwirtin, bei der man sich zu Cäsars Zeiten nach Senatssitzungen traf.
(s. a. **in Baccho et Venere**)

>*alma mater*

Alter ego!

Alter Egoist! beschimpfte Ambrosia ihren Gatten, als er mal wieder die ganze Götterspeise allein aufgegessen hatte.
(s. a. **Tu quoque!**)

>*alter ego*

Ama et fax quod vis!

Liebe und fax, was du willst! lautet das Motto für Betriebsfeste im Augustinerkloster.
(s. a. **Fax vobiscum!**)

>*Ama et fac quod vis!*

amor fati

Die Liebe zum Vater (genitivus obiectivus), *die Liebe des Vaters* (genitivus subiectivus): *Vaterliebe*. Gelegentlich (mißverstanden) *armer Vati*.
(s. a. **Habemus papam!**)

>*amor fati*

Anni futuri

Die Anni der Zukunft, die künftige Anni nennt Ali stolz seine Verlobte.
(s. a. **Ali ad acta est.**)

>*anni futuri*

ano domini, auch: *dominae*

Im After des Herrn wird bei L. Lupinus der langgesuchte Tagedieb Publius Blandus schließlich gefunden.
(s.a. **Renata refero**)

>*anno domini*

a posteriori

Vom Briefträger, antwortete Tina Lente wahrheitsgemäß auf die Frage ihres Herrn, von wem sie ihr Kind empfangen habe.
(s. a. **Festina Lente**)

>*a posteriori*

Astra et Omega

Astra und *Omega* stehen bei Opelfahrern mit Latinum für Anfang und Ende der automobilen Produktpalette.

(s. a. *Fiat Lux*)

>*alpha et omega*

a tergo

Von rückwärts. Variante des Angriffs im Kampf der Geschlechter.

(s. a. *Silent leges inter arma.*)

>*a tergo*

aurea mediocritas

Die goldene Ärztenase. Der von Horaz überlieferte Ausdruck wirft ein Schlaglicht auf den Sozialneid im Augusteischen Rom.

(s. a. *doctor uterusque iuris*)

>*aurea mediocritas*

Beatae memoriae

Beates Memoiren. Titel der Autobiographie von Beate U. in der eigens für den Vatikan herausgegebenen Fassung.
(s. a. ***Pro condomo***)

>*beatae memoriae*

Beatus ille, qui procul discipulis.

Glücklich jener, der fern von Schülern, soll L. Lupinus bei seiner Versetzung in den Ruhestand gesagt haben.
(s.a. ***Vestibula terrent.***)

>*Beatus ille, qui procul negotiis.*

Bene vixit, qui bene potavit.

Gut hat gelebt, wer gut getrunken hat, bekannte Ovid launig in vertrauter Runde.
(s. a. ***Pater potavi.***)

>*Bene vixit, qui bene latuit.*

Bibite, moniti!

Trinkt, Gewarnte! schloß Aeneas seine Betrachtungen über Danaergeschenke.
(s.a. ***Experto bibite!***)

>*Discite, moniti!*

Capere aude!

Trau dich zu kapern! Altes Seeräuber-Motto. Heute Slogan der Kreuzfahrt-Veranstalter.

(s. a. *Nemo ante mortem beatus.*)

>*Sapere aude!*

casus belli

Ein Grund zum Bellen. Bellos Kommentar zu seinem Prozeß.

(s.a. *casus Bello*)

>*casus belli*

casus Bello

Der Fall Bello. Gerichtsverfahren gegen einen gallischen Hund namens Bello, der schließlich durch Cäsars Hunderoman *De Bello Gallico* berühmt wurde.

(s. a. *Pereat hundus!*)

>*De bello Gallico*

>*casus belli*

17

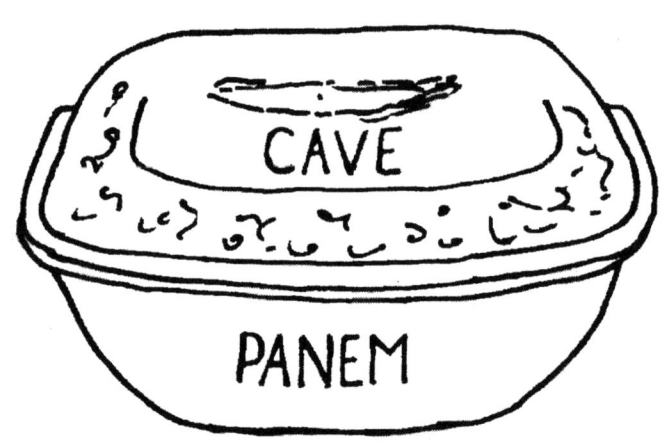

Cave panem!

Hüte dich vor Brot! Älteste überlieferte Diätvorschrift für Diabetiker, entdeckt auf einem Römertopf in Pompeii.
(s. a. ***Ubi pizza, ibi paprica!***)

>*Cave canem!*

ceteris paribus (monstrabimus)

Den paar Zeterern (werden wir's schon zeigen), drohte Cato der Ältere den Senatoren, die keinen dritten Punischen Krieg wollten.
(s. a. ***Punica fides***)

>*ceteris paribus*

condicio sine qua non

Ohne Kondition läuft gar nichts, stand über dem Eingang der Gymnastikhalle in Basilia.
(s. a. ***fumantes amentes***)

>*condicio sine qua non*

Contra legem!

Gegen das Bein! ermunterte der jugendliche Cicero zum Foulspiel bei einem freundschaftlichen Ballwechsel zwischen Optimaten und Popularen.
(s. a. ***Ulcus est.***)

>*contra legem*

BENE
VIXIT
QVI
BENE
POTAVIT

Contra sexum

Gegen Sex lautet der Titel einer Enzyklika Papst Pauls III..
(s. a. **Pro condomo**)

> *>contra sextum*

Credo maiori.

Ich glaube dem Major, versichert Minna von Barnhelm ihrer Zofe Franziska.
(s. a. **Martha non erubescit.**)

> *>Cedo maiori.*

Crescunt anni, decrescunt viri.

Wenn die Jahre zunehmen, nehmen die Männer ab, faßt Varro den ersten Teil seiner soziografischen Erhebungen aus dem Jahr 47 v. Chr. zusammen. (s. a. **viris unitis**)

> *>Crescunt anni, decrescunt vires.*

Cui Bono

C. U. I. Bono ist der vollständige Name der wandlungsfähigen Künstlerin Cher Unique Innocent Bono.
(s. a. **Elvis et Priscilla sumus.**)

> *>Cui bono?*

cura al dente

Sorge um den Zahn äußerte prophylaktisch die Zahnärzteschaft in einer Kampagne, als sie nach der Gesundheitsreform Caracallas drastische Umsatzeinbußen befürchtete.

(s. a. *aurea mediocritas*)

>*cura ardente*

Deo gratias, Deo iuvante, Deo volente

hießen nach Prudentius die drei im Weströmischen Reich meistgekauften Deodorants.

(s. a. *Ecce omo!*)

>*Deo gratias!*

>*Deo iuvante*

>*Deo volente*

Diem perdidi.

Ich habe einen Tag verloren oder: *Mir fehlt ein ganzer Tag,* sagte Kaiser Titus, als er an den Folgen eines Symposiums anläßlich der Fertigstellung des Kolosseums litt. Sueton verdanken wir diesen ältesten Beleg für den klassischen Filmriß.

(s. a. *Experto bibite!*)

>*Diem perdidi.*

dies kater

Katertag. Im julianischen Kalender der Tag nach den Saturnalien, an denen traditionsgemäß exzessiv gezecht wurde.

(s.a. *in Baccho et Venere*)

>*dies ater*

dies rubri

Rote Tage pflegte die Gattin des Gellius ihre schönsten zu nennen.

(s. a. *actus purus*)

>*dies ater*

doctor uterusque iuris

Promovierter Gynäkologe und Jurist. Eine heute seltene Kombination, die im kaiserlichen Rom nach der Gesundheitsreform Caracallas nicht unüblich war.

(s. a. *aurea mediocritas*)

>*doctor utriusque iuris*

Dolus malus!

Doller Apfel! staunte Adam im Paradies, als Eva ihm die verbotene Frucht reichte.

(s. a. *ne biss in idem*)

>*dolus malus*

Domina vobiscum?

Domina, wo bist du? rufen im Einführungsseminar die SM-Praktikanten.
(s. a. *In cunctis domina pecunia est.*)

>*Dominus vobiscum?*

Dum spero spiro.

Solange ich hoffe, atme ich. Mit diesen Worten gibt Cicero dem Prinzip Hoffnung Ausdruck.
(s. a. *opium cum dignitate*)

Dum spiro spero.

Ecce omo!

Sieh mal: Omo! Erster Beleg der Produktwerbung, gefunden an einer Reklamesäule in Moguntiacum.
(s. a. *Omnis homo Blendax.*)

>*Ecce homo!*

Elvis et Priscilla sumus.

Elvis und Priscilla sind wir, beschwindelten die Dioskuren die Töchter des Leukippos.
(s. a. *Cui Bono*)

>*Pulvis et umbra sumus.*

Eritis sicut deus, scientes pomum et malum.

Ihr werdet sein wie Gott und Obst und Apfel kennen, verspricht der Teufel in Gestalt einer Schlange Adam und Eva im Paradies.

(s. a. **Dolus malus!**)

>*Eritis sicut deus, scientes bonum et malum.*

ex abrupto

eigentlich: *praegnans ex abrupto. Ungeplante Schwangerschaft.* Medizinischer Terminus für die Schwangerschaft nach einem *coitus interruptus.*

(s. a. **a tergo**)

>*ex abrupto*

ex cathedra

Aus dem Stuhl, würden wohl demnächst noch die Auguren die Zukunft bestimmen, empört sich Seneca über die Praktiken der Mantik und den Aberglauben der gebildeten Römer, während die Eingeweihten hämisch den Glauben an die Eingeweide belächeln.

(s. a. **matulam delere**)

>*ex cathedra*

Experto bibite!

Trinkt (nur) mit einem Kenner! beschwor Aeneas die Trojaner nach seiner Ansprache zum Thema Danaergeschenke.
(s. a. **Bibite, moniti!**)

>*Experto credite!*

Experto credite!

Kredite (nur) vom Fachmann! Slogan, den Diomedes für sein griechisch-römisches Kreditinstitut geprägt hat.
(s. a. **In cunctis domina pecunia est.**)

>*Experto credite!*

Extra gymnasium nulla salus.

Außerhalb des Gymnasiums (ist) kein Heil, war die Devise der Humboldt-Süvernschen Reformen.
(s. a. **Ubi Penne, ibi patria.**)

>*Extra ecclesiam nulla salus.*

Fax vobiscum!

Ein Fax sei mit euch! Einleitungsformel auf päpstlichen Fernkopien.
(s. a. **Ama et fax quod vis!**)

>*Pax vobiscum!*

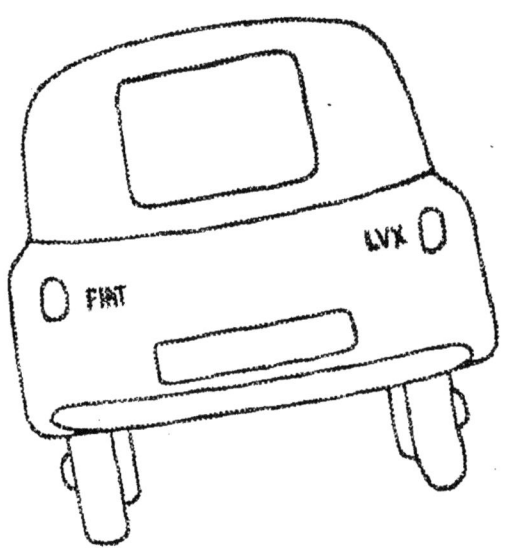

Felix Culpa

Felix Culpa heißt der charmante Hochstapler in der Komödie *Renata refero* des L. Lupinus.

(s. a. *Renata refero*)

>*felix culpa*

Festina Lente

kurz: *Tina Lente* nannte Augustus, wenn ihm zum Scherzen war, seine Haushälterin.

(s. a. *a posteriori*)

>*Festina lente!*

Fiat Lux

Fiat Licht hieß ein Vorkriegsmodell aus der italienischen Automobilproduktion, das bereits mit Beleuchtung ausgestattet war; ein Vorläufer des *Fiat Panda*. *Fiat Lux* ist auch der Titel von Giovanni Agnellis Autobiografie.

(s. a. *Manta me genuit.*)

>*Fiat lux!*

fides panica

Panische Treue oder: d*ie Angst vor dem Versorgungsausgleich,* antwortete Scipio Africanus auf die Frage, was ihn bei seiner Gattin halte.

(s. a. ***ceteris paribus***)

> *Punica fides*

Finis coronat opas.

Das Ende krönt die Opas, dachte Prinz Philipp im stillen, als er bemerkte, daß nicht nur seine Havanna, sondern auch die Bettdecke qualmte.

(s. a. ***Oma locuta, causa finita*** und ***Nam tua res agitur, Paries, cum proximus ardet.***)

> *Finis coronat opus.*

Fucktotum

Mädchen für alles, Mann für alle Fälle nannte man etwas abwertend die Betriebsnudeln in römischen Behörden.

(s. a. ***unus pro multis***)

> *Fac totum!*

fumantes amentes

Rauchende (sind) Kopflose oder: *Raucher sind bekloppt.* Zu diesem Ergebnis kommt Terenz in seiner bahnbrechenden Untersuchung mit dem Titel *Andria.*

(s. a. **condicio sine qua non**)

>*amantes amentes*

Grassus ad parnassum!

Grass auf den Parnaß! Nachdrückliche Forderung der Vertriebenen-verbände seit dem Erscheinen der Danziger Trilogie.

(s. a. **Manum de vagina!**)

>*gradus ad parnassum*

Habemus papam!

Wir haben einen Papa, gesteht Th. C. Wied freudig erregt ihren Kindern in der Serie "Ich heirate eine Familie".

(s. a. **amor fati**)

>*Habemus papam!*

Hic Malta, hic salta!

Hier (ist) Malta, hier springe! spricht der Falkner zu Beginn der Jagd seinen Vogel an.

(s. a. **missio canonica**)

>*Hic Rhodos, hic salta!*

Homo errectus

Der erregte Mann nannte Plinius der Ältere eines der 37 Bücher seiner *Naturalis Historia*, das später auch erfolgreich verfilmt wurde.
(s. a. *Nihil prostat.*)

>*Homo erectus*

in Baccho et Venere

In Bauch und Venen der Römer richtete der Alkohol seinerzeit verheerende Schäden an.
(s. a. *Abstine in cantine!*)

>*in Baccho et Venere*

in concreto

In Beton wollte Aemilius Papinianus der Haltbarkeit wegen die Zwölftafelgesetze gemeißelt wissen.
(s. a. *Contra legem!*)

>*in concreto*

In cunctis domina pecunia est.

Für Geld ist der Domina alles recht. Römischer Kneipenspruch.
(s. a. *ano dominae*)

>*In cunctis domina pecunia est.*

In duce iubilo

Anfang einer Faschisten-Hymne aus dem Rom der Neuzeit.

(s. a. **Salbe Regina!**)

>*In dulci iubilo*

Ingi et ferrero

Ingi und Schokoküßchen (sind für mich eins), schwärmte Cicero in einem klassischen Hendiadyoin.

(s.a. **ab Inge ignem**)

>*igni et ferro*

in optima forma

In bester Form. Kommentar des Kaisers Titus nach der Enthüllung des ihm zu Ehren errichteten Triumphbogens. Später Slogan eines namhaften Miederwaren-Herstellers.

(s. a. **Diem perdidi.**)

>*in optima forma*

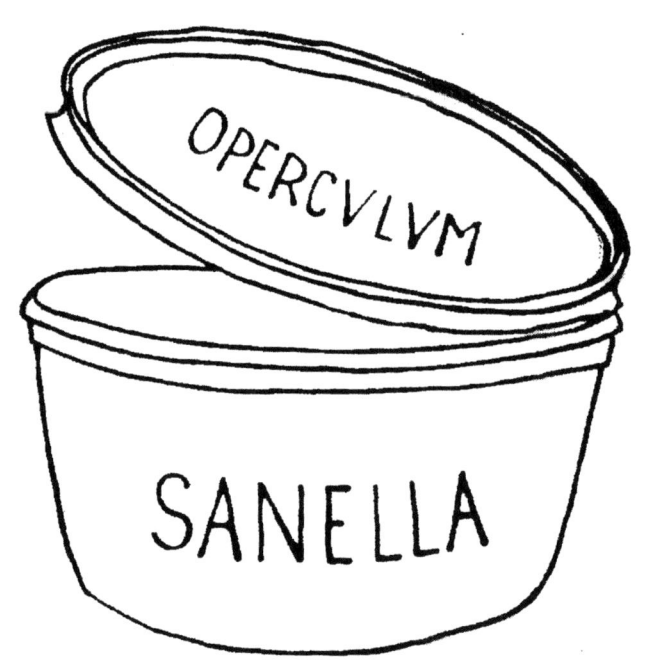

Invenit sanella operculum.

Die Margarine hat ihren Deckel gefunden. Redensart der Margarinehersteller, die so viel bedeutet wie *Quod erat demonstrandum.*
(s. a. **periculum in hora**)

>*Invenit patella operculum.*

>*Quod erat demonstrandum.*

Ite, missa est!

Ich geh mittagessen! sagt der Priester am Schluß der lateinischen Messe. Die Gemeinde antwortet: „*Deo gratias!*" - „*Danke, gleichfalls!*"
(s. a. **Deo gratias!**)

>*Ite, missa est!*

Iux vobiscum!

Freude sei mit euch! ruft der Kölner Erzbischof der Domgemeinde am Rosenmontag zu.
(s. a. **Pastores amant humores.**)

>*Pax vobiscum!*

Lex mihi ars!

Leck mich im Arsch! In Künstlerkreisen beliebte Form des Götz-Zitats.
(s. a. *Pieta non movere!*)

>*Lex mihi ars.*

locus a quo

Klo mit Wasser, Wasserklosett (WC), liest man an dem einzigen vollständig erhaltenen Exemplar in der *Porta Nigra.*
(s. a. *Manus anum lavat.*)

>*locus a quo*

locus communis

Das Gemeindeklo. Erster Treffpunkt der später danach benannten "Kommunisten". Auch: Kombiniertes Damen- und Herren-WC.
(s. a. *Omnes eodem cogimur.*)

>*locus communis*

lucus delicti

Der Wald des Verbrechens. Aus der Bukolik hervorgegangener Topos, der sich seit dem *Encolpius Sicarius* des Petronius weltweit in der Kriminalliteratur findet.
vgl. "Hänsel und Gretel"
(s. a. *Dolus malus*)

>*locus delicti*

Manta me genuit.

Ein Manta hat mich hervorgebracht oder: *Im Manta bin ich geboren.*
Inschrift auf dem Grab des römischen Dichters Vergil, dessen Mutter
Friseuse gewesen sein soll.
(s. a. *Tolle, lege!*)

>*Mantua me genuit.*

Manum de fabula!

Hand von Fabel! oder: *Hände weg von meiner Fabel!* schrieb Cicero
im Jahr MRR vor Christus an einen scharfen Kritiker.
(s. a. *Dum spero, spiro.*)

>*Manum de tabula!*

Manum de vagina!

Hand von (meiner) Vagina! ermahnt Tulla Pokriefke ihren Verehrer
Joachim Mahlke.
(s. a. *Masturba, dum libido manet!*)

>*Manum de tabula!*

Manus anum lavat.

Die Hand wäscht den After. Aus diesem Grund galt den Römern das
Essen mit der rechten Hand als unschicklich.
(s. a. *ano domini*)

>*Manus manum lavat.*

Martha non erubescit.

Martha wird nicht (mehr) rot, behauptet Mephisto von Marthe Schwertlein.
(s. a. *dies rubri*)

>*Charta non erubescit.*

Masturba, dum libido manet!

Masturbiere, solange die Lust anhält! rät Pilenz dem Kameraden Mahlke.
(s. a. *Grassus ad parnassum!*)

>*Matura, dum libido manet!*

matulam delere

Den Nachttopf entleeren gehörte zu den Privilegien des *pater familias.*
(s. a. *ex cathedra*)

>*maculam delere*

Matura non facit saltus.

Die Reife macht keine Sprünge oder: *Zum Abitur kommt man nur Schritt für Schritt,* doziert Professor Kupfer am Realgymnasium XVI.
(s. a. *Abi, in malam crucem!*)

>*Natura non facit saltus.*

MISSIO CANONICA

Mens agitat molem.

Der Mensch treibt die Mühle (an), hieß es im Jargon der Galeeren-sklaven.
(s. a. ***Capere aude!***)

>*Mens agitat molem.*

missio canonica

Kanonenmission oder: *Himmelfahrtskommando* pflegte der Baron von Münchhausen scherzhaft seinen berühmten Ritt auf einer Kano-nenkugel zu nennen.
(s. a. ***Panik et circenses***)

>*missio canonica*

moos maiorum

Das Moos der Vorfahren also: *die Ersparnisse der Alten;* darauf hatte es die junge Generation schon im alten Rom abgesehen.
(s. a. ***In cunctis domina pecunia est.***)

>*mos maiorum*

Nam tua res agitur, Paries, cum proximus ardet.

Denn um deine Sache geht es, Paries, wenn der Nachbar brennt, mahnt Horaz eindringlich zur Nachbarschaftshilfe.
(s. a. ***periculum in hora***)

>*Nam tua res agitur, paries cum proximus ardet.*

ne biss in idem

Kein Biß in dasselbe. Mit diesen Worten schlug Varus dem Arminius beim Frühstück ein Ei ab.
(s. a. ***Quis leget haec?***)

>*ne bis in idem*

Nemo ante mortem beatus.

Nemo vor dem Tod glücklich oder: *Nemo war glücklich, bis er starb* oder auch: *Nemo ist ein toter Glückspilz.*
Inschrift an dem Seemannsgrab Kapitän Nemos.
(s. a. ***Manta me genuit.***)

>*Nemo ante mortem beatus.*

Nihil novi sub sole.

Nichts Neues unter der Sole, schnaufte König Salomo, als er nach einem Tauchgang aus dem Toten Meer stieg.
(s. a. ***Condicio sine qua non.***)

>*Nihil novi sub sole.*

Nihil prostat.

Nicht steht (mehr) vor, versicherte der Urologe nach der Ektomie der Gattin des Patienten.
(s. a. ***Testis unus, testis nullus.***)

>*Nihil obstat.*

Non dolet, Beate.

Es tut nicht weh, Beate, tröstete der Patient seine Gattin nach dem Eingriff.

(s. a. ***Beatae memoriae)***

>*Non dolet, Paete.*

nondum

Nicht dumm. Eine Glosse, an der man Latein-Klausuren erkennt, die L. Lupinus korrigiert hat.

(s. a. ***Matura non facit saltus.***)

>*nondum*

Oma locuta, causa finita.

Wenn Oma gesprochen hat, ist die Sache beendet, macht Prinz William seinem Vater Charles frech die Thronfolge streitig.

(s. a. ***Si Lisbeth licet.***)

>*Roma locuta, causa finita.*

Omnes eodem cogimur.

Alle werden wir an denselben Ort gezwungen oder: *Wir müssen alle an denselben Ort.* In diese Formel faßt Horaz prägnant die Bedürfnislage des Menschen.

(s.a. ***locus communis***)

>*Omnes eodem cogimur.*

Omnis homo Blendax.

Jeder Mensch (nimmt) Blendax. Slogan des Zahnpasta-Herstellers für den Vatikan-Markt.
(s. a. **Ecce omo!**)

>*Omnis homo mendax.*

opium cum dignitate

Opium mit Würde, lautet die älteste verbürgte Forderung nach Rauschgiftfreigabe; wird gelegentlich Cicero zugeschrieben.
(s. a. **fumantes amentes**)

>*otium cum dignitate*

otium cum trinitate

Gemütliches Beisammensein mit der Dreifaltigkeit war der Herzenswunsch der Jungfrau Maria.
(s. a. **Salbe Regina**)

>*otium cum dignitate*

Pampe repetita!

Aufgewärmte Pampe! schimpfte Kanzler Kohl zuweilen im Bundestagsrestaurant.
(s. a. **Abstine in cantine!**)

>*crambe repetita*

Panik et circenses

Panik und Großveranstaltungen lautet das Wahlkampf-Motto der Freien Demokratischen Partei.
(s. a. *Urbi et Gorbi*)

>*panem et circenses*

Pastores amant amores.

Pastouren lieben Amouren. Benediktinerregel.
(s. a. *Ama et fax quod vis!*)

>*Cantores amant humores.*

Pastores amant humores.

Pastoren habens gern feucht. Klerikerspruch.
(s. a. *Pater potavi.*)

>*Cantores amant humores.*

Pater potavi.

Vater, ich habe getrunken oder: *Daddy, ich bin besoffen,* muß Brick seinem "Big Daddy" im Katzenjammer gestehen.
(s. a. *Bene vixit, qui bene potavit.*)

>*Pater peccavi.*

per aspirin ad astra

Mit Aspirin zu den Sternen oder: *Sterne glühn mit Aspirin,* wirbt der Hersteller bei Patienten, denen Latein Kopfschmerzen macht.
(s. a. **Diem perdidi.**)

>*per aspera ad astra*

Pereat hundus!

Der Hund soll krepieren! flucht Vercingetorix in Cäsars Roman *De Bello Gallico.*
vgl. "Hunde, wollt ihr ewig leben?"
(s.a. **casus Bello**)

>*Fiat iustitia et pereat mundus!*

periculum in hora

Gefahr in einer Stunde, warnte Radio Rom regelmäßig 60 Minuten vor Beginn der Rushour.
(s. a. **Nemo ante mortem beatus.**)

>*periculum in mora*

Per Omega ad Astra

Über den Omega zum Astra ist der Arbeitstitel eines Romanfragments aus dem Nachlaß Bertolt Brechts, das den unaufhaltsamen Abstieg eines Opelfahrers zum Thema hat.
(s. a. **Astra et Omega**)

>*per aspera ad astra*

Pieta non movere!

Pieta nicht bewegen! war ursprünglich auf einer Tafel an Michelangelos weltberühmtem Werk zu lesen.
(s. a. *Tabula docet.*)

>*Quieta non movere!*

Praeterpropter

Der Lastenaufzug. vgl. *Paternoster.*
(s. a. *Fax vobiscum!*)

>*praeter propter*

prima facie

Prima face! staunt Petrus, als Michael Jackson in den Himmel kommt.
(s. a. *otium cum dignitate*)

>*prima facie*

Pro condomo

Für das Kondom. Titel einer Rede Ciceros an die Priesterschaft, in der er für den gleichnamigen Verein zur Förderung von Hygiene und Familienplanung wirbt; heute *Pro familia.*
(s. a. *Noli me schwangere!*)

>*pro domo*

Punica fides

Punicatreue. Die Markentreue zu Onkel Dittmeyers Fruchtsaftge-
tränk; erstmals bei Sallust belegt.
(s. a. *Experto bibite!*)

>*Punica fides*

Punica propior pallio.

Die Punierin (war mir) näher als der Umhang, kommentiert Cato der
Ältere diskret ein Schäferstundchen in Cannae.
(s. a. *Tunica propior phallo.*)

>*Tunica propior pallio.*

Qui docent, nocent.

Die lehren, schaden. Schon seit dem frühen Mittelalter bekanntes
Ergebnis der pädagogischen Forschung.
(s. a. *Tabula docet.*)

>*Quae nocent, docent.*

Quidquid id est, timeo puellas et oscula dantes.

*Was es auch sei, ich habe Angst vor Mädchen, auch wenn sie Küß-
chen geben,* gesteht Laokoon freimütig seinen Landsleuten.
(s. a. *Masturba, dum libido manet!*)

>*Quidquid id est, timeo Danaos et dona ferentes.*

Quis leget haec?

Wer hat das gelegt? soll Columbus beim Anblick des nach ihm benannten Eis gefragt haben.

(s. a. **ab ovo usque ad mala**)

>*Quis leget haec?*

Quod non est in actis, non in mundo.

Was nicht in den Akten ist, ist nicht im Munde. Römischer Grundsatz zur Unterscheidung von Fellatio und Cunnilingus.

(s. a. **doctor uterusque iuris**)

>*Quod non est in actis, non in mundo.*

rationes conturbare

Die Rationen durcheinanderzubringen, das warf Arminius dem Varus einmal bei einem Arbeitsessen vor.

(s. a. **ne biss in idem**)

>*rationes conturbare*

Redde regiones!

Gib meine Regionen zurück! verlangte Kanzler Kohl bei dem legendären Treffen mit Gorbatschow.

(s. a. **Sero venientibus ossis**)

>*Vare, redde legiones!*

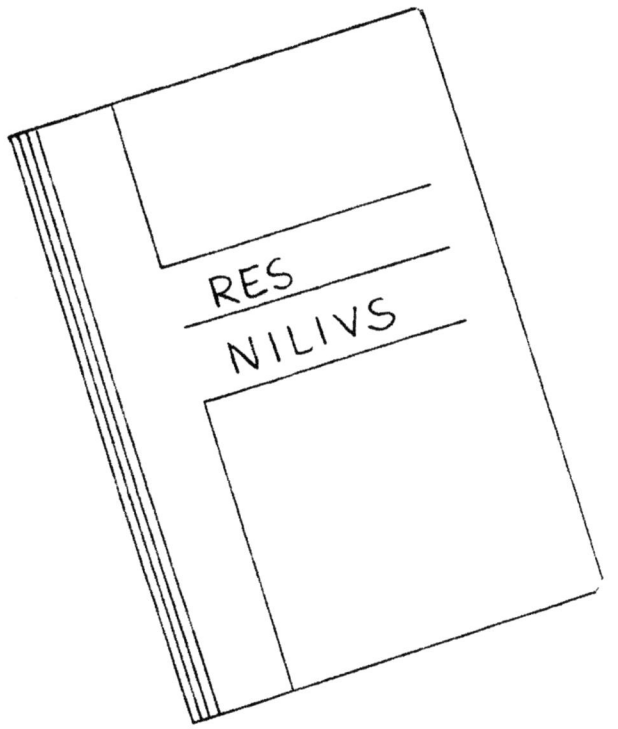

RES
NILIVS

Renata refero.

Ich bringe Renate zurück, meldet der charmante Hochstapler Felix Culpa am Schluß der gleichnamigen Komödie des L. Lupinus.

(s.a. **Felix Culpa**)

>*Relata refero.*

res Nilius

Die Sache Nilius. Langwieriges Verfahren im Waterkantgateprozeß.
(s. a. **Nam tua res agitur, Paries, cum proximus ardet.**)

>*res nullius*

Salbe Regina!

Salbe Regina! beginnt der Refrain eines Liedes, das Urlaubern unter tropischer Sonne aus dem abendlichen Animationsritual vertraut ist.
(s. a. **Non dolet, Beate.**)

>*Salve regina!*

Sero venientibus ossis (punit vita).

Die zu spät kommenden Ossis (bestraft das Leben), warnte Gorbatschow in den letzten Tagen der real existierenden DDR.
(s. a. **Urbi et Gorbi**)

>*Sero venientibus ossa*

Sic Volvo, sic iubeo!

So einen Volvo, so befehle ich! schnauzte Erich Honecker bei der Bestellung seines letzten Dienstwagens.

(s. a. *Fiat Lux*)

>*Sic volo, sic iubeo, sit pro ratione voluntas!*

Silent leges inter arma.

Sie legt die Beine zwischen die Arme, lautet eine Positionsbeschreibung Ciceros an Milo.

(s. a. *a tergo*)

>*Silent leges inter arma.*

Si Lisbeth licet.

Wenn Lisbeth es erlaubt, kommentierte Prinz Philipp seinerzeit die Scheidungsabsichten seines Sohnes Charles.

(s. a. *Oma locuta, causa finita.*)

>*Si libet, licet.*

Tabula docet.

Die Tafel (der Tisch) lehrt oder: *Essen bildet,* schreibt der Feinschmecker Petronius schon im ersten Jahrhundert nach Christus.

(s. a. *Ab urbe conditor*)

>*Fabula docet.*

Tabula nocet.

Die Tafel schadet. Von Petronius widerlegte diätetische Behauptung.
(s. a. **ab ovo usque ad mala**)

>*Fabula docet.*

Testis unus, testis nullus.

Ein Hoden (ist) kein Hoden. Römische Bauernregel.
(s. a. **Nihil prostat.**)

>*Testis unus testis nullus.*

Tolle, lege! Tolle, lege!

Tolle, lege! Tolle, lege! Von Vergil überlieferte Beschwörungsformel der mantuanischen Friseusen.
(s a. **Manta me genuit.**)

>*Tolle, lege! Tolle, lege!*

Tolle mores!

Tolle Sitten! ruft Lukan, als er Pharsalia *in flagranti* ertappt.
(s. a. **actus purus**)

>*Tolle moras!*

Ubi Penne
ibi patria!

Latine loquimur in

Tunica propior phallo.

Die Tunica näher als der Phallus erfüllte nach Plautus den Tatbestand des Exhibitionismus.
(s. a. *Homo errectus*)

>*Tunica propior pallio.*

Tu quoque!

Du Hahn! Cäsar zu Brutus kurz vor den Iden des März im Jahr 44 vor Christus.
(s. a. *Alter ego!*)

>*Tu quoque?*

Ubi Penne, ibi patria.

Wo Penne, da Heimat oder: *Die Schule ist mein Zuhause.* Von Otto Hahn geprägte Losung der Landerziehungsheimbewegung.
(s. a. *Matura non facit saltus.*)

>*Ubi bene, ibi patria.*

Ubi pizza, ibi paprica.

Wo Pizza, da Paprika, verordnete das sogenannte Pizza-Dekret des Kaisers Vespasian, wonach im Gebiet des römischen Weltreichs auf jede Pizza bis heute Paprika gehört.
(s. a. *Tabula docet.*)

>*Ubi bene, ibi patria.*

Ulcus est.

Er ist ein Geschwür, behauptet Cicero in der Anklageschrift gegen Verres.
(s. a. **Contra legem!**)

>*Ulcus est.*

unus pro multis

Einer für Multis. Von Seneca dem Jüngeren geprägter Terminus für Topmanager.
(s. a. **Praeterpropter**)

>*unus pro multis*

Urbi et Gorbi

Für die Stadt und für Gorbi (Gorbatschow). Motto der Feierlichkeiten zum zehnten Jahrestag der Vereinigung Berlins.
(s. a. **Sero venientibus ossis**)

>*urbi et orbi*

Ut desint viri, tamen est laudanda voluptas.

Auch wenn Männer fehlen, ist die Lust zu loben oder: *Auch ohne Männer kann man Spaß haben.* Maxime der Frauenbewegung seit Lysistrata.
(s. a. **Crescunt anni, decrescunt viri.**)

>*Ut desint vires, tamen est laudanda voluntas.*

vacca a non vacando

Die Kuh heißt so, weil sie nicht leer ist. Postlateinischer Scherzvers des L. Lupinus, angeregt durch die Lektüre von Varros *De lingua Latina.*

(s. a. *nondum*)

>*canis a non canendo*

>*lucus a non lucendo*

Vestibula terrent.

Pausenhallen sind schrecklich, dachte L. Lupinus bei sich, als er nach seiner feierlichen Verabschiedung in den Ruhestand das Institut eilig durchmaß.

(s. a. *Beatus ille, qui procul discipulis.*)

>*Vestigia terrent.*

viris unitis

Mit vereinten Männern. Kaiser Franz Joseph I. von Österreich zugeschrieben; markiert den Beginn der Männerbewegung im frühen 20. Jahrhundert.

(s. a. *Contra sexum*)

>*viribus unitis*

Ad fontes - Zu den Quellen

A

Abi in malam crucem!   (nach Plautus, Mostellaria)
Geh zum Henker!

ab igne ignem   (Cicero, De officiis)
Vom Feuer Feuer bezeichnet die Verpflichtung der Römer, andere vom eigenen Feuer nehmen zu lassen.

ab ovo usque ad mala   (Horaz, Sermones)
Vom Ei bis zu den Äpfeln. Damit sind Anfang und Ende des römischen Mahls markiert. Gemeint ist: etwas eingehend, von A bis Z, erörtern.

Ab uno disce omnes!
Von einem einzelnen lerne alle kennen!

Ab urbe condita   (Livius)
Seit Gründung der Stadt lautet der Titel der römischen Geschichte des Livius. Das Gründungsjahr Roms war Ausgangspunkt der römischen Zeitrechnung.

actus purus
Das reine Wirken. Terminus der Scholastik.

Alea iacta est.   (Sueton, Vita Divi Iulii)
Der Würfel ist geworfen, sagte Cäsar beim Überschreiten des Rubico, womit im Jahr 49 v. Chr. der Bürgerkrieg gegen Pompeius begann. Mit diesem Ausspruch werden folgenschwere Entscheidungen kommentiert.

alma mater
Die nährende Mutter. Beiname alter Universitäten.

alpha et omega
Alpha und Omega sind der erste und der letzte Buchstabe im griechischen Alphabet. Sie stehen auch für *Anfang und Ende.*

alter ego   (nach Ambrosius, De spiritu Sancto)
Ein zweites Ich. Die Bezeichnung eines Freundes als zweites Ich findet sich schon bei Aristoteles.

Ama et fac quod vis!   (Augustinus)
Liebe und tu, was du willst! Wer die Vollkommenheit des Eros errungen hat, kann nicht mehr sündigen.

amantes amentes   (nach Plautus sowie Terenz)
Liebende (sind) Kopflose.

amor fati   (Nietzsche, Ecce homo)
Die Liebe zum Schicksal. Nietzsche mißt die Größe des Menschen daran, in welchem Maße er sein Schicksal liebt und nicht nur aushält.

anni futuri
Kommenden Jahres, nächsten Jahres.

anno domini
Im Jahr des Herrn.

a posteriori
Vom Späteren her, nachträglich.

a tergo
Vom Rücken her, von rückwärts.

aurea mediocritas   (Horaz, Carmina)
Das goldene Mittelmaß. Gemeint ist der erstrebenswerte Zustand, in dem ein Mensch weder wegen seiner Armut verachtet, noch wegen seines Reichtums beneidet werden kann.
vgl. *In plerisque rebus mediocritas optima est. In den meisten Dingen ist die Mitte das Beste.*   (Cicero, De officiis)

B

beatae memoriae
Seligen Angedenkens.

Beatus ille, qui procul negotiis.   (Horaz, Epodoe)
Glücklich ist, wer fern von Geschäften lebt; denn *negotium* schließt *otium* (Muße) definitionsgemäß aus.

***Bene vixit, qui bene** latuit.*   (Ovid, Tristia)
Gut hat gelebt, wer zurückgezogen gelebt hat, nämlich unbemerkt von der Öffentlichkeit.

C

canis a non canendo   (Varro, De lingua Latina)
Der Hund wird canis *genannt, weil er nicht singen* (canere) *kann.,* veralbert Varro eine etymologische Worterklärung.
vgl. *lucus a non lucendo*

Cantores amant humores.
Sänger lieben Feuchtes.

casus belli
Der Kriegsfall.

Cave canem! (Petron, Satyricon)
Hüte dich vor dem Hund! Vorsicht, bissiger Hund! Warnende Schrift in römischen Hauseingängen.

Cedo maiori. (Martial, Epigrammata)
Ich weiche dem Stärkeren.

ceteris paribus
Wenn das übrige gleichbleibt, unter im übrigen gleichen Bedingungen.

Charta non erubescit. (nach Cicero, Ad familiares)
Papier errötet nicht. Man kann sich ihm also ohne Scheu anvertrauen.

condicio sine qua non
Eine Bedingung, ohne die nicht...; eine unerläßliche Bedingung.

contra legem
Gegen das Gesetz

contra sextum
Gegen das sechste (Gebot); Verstoß gegen das Keuschheitsgebot. Anfang einer Enzyklika Papst Pauls III..

crambe repetita   (Juvenal, Saturae)

Aufgewärmter Kohl; vgl. *Kalter Kaffee.*

Crescunt anni, decrescunt vires.

Die Jahre nehmen zu, die Kräfte ab.

Cui bono?   (Cicero, Pro Sex. Roscio Amerino)

Wem nützt das? Wer hat ein Motiv? ist die gefürchtete "Cassianische Frage", mit der Lucius Cassius als Richter dem Täter auf die Spur kam.

cura ardente

Mit brennender Sorge sind die Anfangsworte einer Enzyklika aus dem Jahr 1937.

D

(Commentarii) de bello Gallico   (Cäsar)

Der Gallische Krieg ist der Titel, unter dem Cäsar über seine militärischen Unternehmungen als Prokonsul in Gallien berichtet.

Deo gratias!

Gott (sei) Dank! Formel aus dem Römischen Meßbuch.

Deo iuvante

Wenn Gott hilft, mit Gottes Hilfe.

76

Deo volente　　　　　(Jakobusbrief)

So Gott will (und wir das Leben haben). Vollständig lautet der "Jakobeische Vorbehalt": *Deo volente, nobis viventibus.*

Diem perdidi.　　　　(Sueton, Vita Divi Titi)

Ich habe einen Tag verloren. So Kaiser Titus, als ihm einfiel, daß er an diesem Tag noch keinem etwas Gutes getan hatte.

dies ater　　　　　　(Gellius, Noctes Atticae)

Ein schwarzer Tag. Tag einer Katastrophe wie der vernichtenden Niederlage des römischen Heeres an der Allia 390 v.Chr..

Discite, moniti!　　　(nach Vergil, Aeneis)

Lernt, ihr seid gewarnt! Verkürzte Wiedergabe von: *Discite iustitiam, moniti, nec temnere divos!*　　(Vergil, Aeneis)

Lernt Gerechtigkeit, seid gewarnt, und mißachtet die Götter nicht!

doctor utriusque iuris

Doktor beiderlei Rechts, nämlich des bürgerlichen und des kanonischen.

dolus malus　　　　　(Cicero, Topica)

Arglistige Täuschung.

Dominus vobiscum!

Der Herr sei mit euch, grüßt der Priester in der lateinischen Messe.

Dum spiro spero.　　　(nach Cicero, Ad Atticum)

Solange ich atme, habe ich Hoffnung.

E

Ecce homo!   (Pilatus bei Johannes)

Seht, ein Mensch! Mit diesen Worten führte der römische Statthalter
Pilatus den Juden den mit Dornen gekrönten Jesus von Nazareth vor.

Eritis sicut Deus, scientes bonum et malum.   (1. Moses)

Ihr werdet sein wie Gott und wissen, was gut und böse ist, sagt die
Schlange im Paradies zu Eva.

ex abrupto

Aus dem Abgebrochenen, unversehens, plötzlich.

ex cathedra

Vom Lehrstuhl aus ergehen verbindliche Lehrsätze, maßgebliche
Entscheidungen, die zudem als unfehlbar gelten, wenn sie vom
"päpstlichen Stuhl" kommen.

Experto credite!   (Vergil, Aeneis)

Glaubt dem, der es erfahren hat!

Extra ecclesiam nulla salus.   (Cyprian, Epistulae)

Außerhalb der Kirche kein Heil. Ketzer und Heretiker sind ver-
dammt, außer man läßt sie, Reue vorausgesetzt, noch einmal zur
Taufe zu; wofür sich Cyprian als Bischof von Karthago einsetzte.

F

Fabula docet.

Die Fabel lehrt.

Fac totum!
Tu alles! Mann für alle Fälle, Mädchen für alles.

felix culpa
Glückliche Schuld. Glücklich, weil erst Schuld Vergebung möglich macht.

Festina lente!   (nach Sueton, Vita Divi Augusti)
Eile mit Weile, pflegte Augustus Euripides zu zitieren; denn: *Vorsicht ist für den Feldherrn besser als Verwegenheit.*

Fiat iustitia et pereat mundus!
Es geschehe Gerechtigkeit, und mag die Welt dabei zugrundegehen! war die Devise Kaiser Ferdinands I..

Fiat lux!   (1. Moses)
Es werde Licht! sprach Gott am ersten Schöpfungstag.

Finis coronat opus.
Das Ende krönt das Werk.
vgl. *Ende gut, alles gut.*

G

gradus ad parnassum
Die Stufe zum Parnaß, dem Sitz des Apoll, der Heimat der Dichtkunst. Titel von Anleitungen zum Dichten in lateinischer und griechischer Sprache.

H

Habemus papam.
Wir haben einen Papst, heißt es, wenn das Ergebnis der Papstwahl
verkündet wird

Hic Rhodus, hic salta!   (nach Äsop)
Hier (ist) Rhodos, hier springe! oder *Zeig auf der Stelle, was du
kannst!* So wird in der Fabel ein Fünfkämpfer aufgefordert, der
prahlt, auf Rhodos einen Rekordsprung gemacht zu haben.

Homo erectus
Aufgerichteter Mensch. Ausgestorbene Art der Gattung „Homo".

I

igni et ferro
Mit Feuer und Eisen; mit Feuer und Schwert.

in Baccho et Venere
Bacchus und Venus betreffend; was das Trinken und das Lieben
angeht.

in concreto
In Wirklichkeit, tatsächlich.

In cunctis domina pecunia est..
In allen Dingen herrscht das Geld.

In dulci jubilo

In süßem Jubel, beginnt ein Weihnachtslied.

in optima forma

In bester Form.

Invenit patella operculum. (nach Hieronymus, Epistulae)

Die Schüssel hat ihren Deckel gefunden.

Ite, missa est!

Geht, es ist Sendung! Schlußformel in der lateinischen *Messe.*

L

Lex mihi ars.

Die Kunst ist mir Gesetz, heißt es zuweilen scherzhaft in Künstlerkreisen.

locus, a quo

Ort, an dem der Aussteller eines Wechsels wohnt.

locus communis

Der Gemeinplatz, nichtssagende Phrase.

locus delicti

Der Ort des Verbrechens, Tatort.

lucus a non lucendo   (Quintilian, Institutio oratoria)

Der Wald wird lucus *gennant, weil man dort kein Licht leuchten* (lucere) *sieht.* Damit will Quintilian belegen, wie Wörter ihre Bedeutung aus dem Gegenteil beziehen können.

vgl. *canis a non canendo*

M

maculam delere

Einen Schandfleck tilgen.

Mantua me genuit.   (Vergil)

In Mantua bin ich geboren, beginnt die Inschrift auf dem Grab des Dichters Vergil, die dieser kurz vor seinem Tod selbst verfaßt haben soll.

Manum de tabula!   (Cicero, Ad familiares)

Die Hand vom Bild! Geht auf die Überlieferung zurück, Apelles habe den Maler Protogenes mit diesen Worten aufgefordert, ein fertiges Bild nicht mehr nachzubessern.

Manus manum lavat.   (Petronius, Satyricon)

Eine Hand wäscht die andere.

Matura, dum libido manet! (nach Terenz, Phormio)

Beeile dich, solange die Lust anhält!

vgl. *Schmiede das Eisen, solange es heiß ist!*

Mens agitat molem.   (Vergil, Aeneis)

Geist bewegt die Materie.

missio canonica
Kanonische Sendung; Kirchliche Lehrerlaubnis.

mos maiorum   (u. a. Cicero, De legibus)
Die Sitte der Vorfahren galt als Richtschnur für sittliches Handeln.

N

Nam tua res agitur, paries cum proximus ardet,
et neglecta solent incendia sumere vires.   (Horaz, Epistulae)
Denn es geht um deine Sache, wenn die Wand zum Nachbarn brennt,
und unbeachtete Brände werden gewöhnlich immer stärker.
Das Distichon wird oft verkürzt zitiert als *Tua res agitur. - Es geht*
um deine Sache.

Natura non facit saltus.   (C. v. Linné, Philosophia botanica)
Die Natur macht keine Sprünge, sondern entwickelt sich stetig.

ne bis in idem   (nach Demosthenes, In Leptinem)
Nicht zweimal in derselben Sache (ein Gerichtsverfahren einleiten).

Nemo ante mortem beatus.   (nach Ovid, Metamorphoses)
Niemand ist vor seinem Tod glücklich zu nennen.

Nihil novi sub sole.   (nach Ecclesiastes)
Nichts Neues unter der Sonne.

Nihil obstat.
Nichts steht dagegen. Formel, mit der kirchliche Amtsträger ihre
Zustimmung erklären.

Non dolet, Paete. (nach Plinius, Epistulae)

Es tut nicht weh, Paetus. Mit diesen Worten reicht die stoische Arria ihrem Gatten das Schwert, das sie sich zuvor in die Brust gestoßen hat. Sie wollte, daß er durch einen Freitod der Hinrichtung als Verschwörer zuvorkam.

nondum

Noch nicht.

O

Omnes eodem cogimur. (Horaz, Carmina)

Alle müssen wir an denselben Ort, nämlich in den Hades, ganz gleich, ob arm oder reich.

Omnis homo mendax. (Psalm 116, 11)

Jeder Mensch (ist) ein Lügner.

otium cum dignitate (Cicero, Pro P. Sestio)

Muße mit Würde; der würdevolle Ruhestand ohne öffentlicheÄmter und kriegerische Belastungen.

P

Pacta sunt servanda. (nach Papst Gregor IX.)

Verträge sind einzuhalten.

panem et circenses   (Juvenal, Saturae)

Brot und Spiele. Meint einerseits den Kunstgriff der Kaiser, das römische Volk mit geschenkten Lebensmitteln und Großveranstaltungen ruhig zu halten, beklagt andererseits die anspruchslose Haltung der Bevölkerung.

Pater peccavi.   (Lukas-Evangelium)

Vater, ich habe gesündigt, sagt der verlorene Sohn bei der Heimkehr zu seinem Vater.

Pax vobiscum!   (Lukas-Evangelium)

Friede (sei) mit euch! grüßt der auferstandene Jesus seine Jünger.

per aspera ad astra

Auf rauhen Wegen zu den Sternen; Redensart nach

Non est ad astra mollis e terris via. (Seneca, Hercules furens)

Nicht bequem ist der Weg von der Erde zu den Sternen.

periculum in mora   (nach Livius, Ab urbe condita)

Gefahr im Verzug.

praeter propter   (Gellius, Noctes Atticae)

Ungefähr.

prima facie

Auf den ersten Blick, dem ersten Anschein nach.

Principiis obsta!   (Ovid, Remedia amoris)

Widerstehe den Anfängen! empfiehlt Ovid als Heilmittel gegen die Liebe.

pro domo   (Cicero, Pro domo sua ad pontifices oratio)

Für das eigene Haus, im eigenen Interesse.

Pulvis et umbra sumus.   (Horaz, Carmina)
Staub und Schatten sind wir.

Punica fides   (nach Sallust, Bellum Iugurtinum)
Punische Treue. Die Punier galten als unzuverlässig.

Q

Quae nocent, docent.   (M. Luther)
Was schadet, ist auch eine Lehre. Durch Schaden Wird man klug.

Quidquid id est, timeo Danaos et dona ferentes.
   (Vergil, Aeneis)
Was es auch sei, ich fürchte die Danaer, selbst wenn sie Geschenke bringen, warnt Laokoon die Trojaner vor dem hölzernen Pferd, das die Griechen vor das Stadttor gestellt haben.

Quieta non movere!   (nach Macarius Hieromonachus)
Was ruhig ist, soll man nicht in Bewegung bringen.

Quis leget haec?   (Persius, Saturae)
Wer wird das lesen? leitet Persius selbstironisch sein Werk ein.

Quod erat demonstrandum. (Euklid, Elementorum liber)
Was zu beweisen war ist Euklids Schlußformel der mathematischen Beweisführung, die noch heute verwendet wird.
vgl. *q.e.d.*

Quod non est in actis, non in mundo.   (Cicero, Ad familiares)
Was nicht in den Akten steht, gibt es nicht, hat im Gerichtsverfahren keine Bedeutung.

R

rationes conturbare   (Terenz, Eunuchus)

die Rechnung durcheinanderbringen, einen Strich durch die Rechnung machen.

Relata refero.   (nach Herodot, Historiae)

Ich berichte, was berichtet wurde, berichte aus zweiter Hand.

res nullius   (nach Justiniani Institutiones)

Niemandes Sache, herrenloses Gut. Vollständig lautet diese Rechtsregel: *Res nullius primo occupanti. - Eine herrenlose Sache geht an den ersten, der sie ergreift.*

Roma locuta, causa finita.   (nach Augustinus, Sermones)

Rom hat gesprochen, die Sache ist beendet. Satz des katholischen Kirchenrechts, der den Papst zur höchsten Instanz erklärt.

S

Salve regina!

Sei gegrüßt, Königin! Vielfach vertonter Kehrvers liturgischer Gesänge zu Ehren der Jungfrau Maria.

Sapere aude!   (Horaz, Epistulae)

Wage es, weise zu sein!

Sero venientibus ossa.

Wer zu spät kommt, bekommt die Knochen.

vgl. *Wer nicht kommt zur rechten Zeit, der muß nehmen, was übrig bleibt.*

Sic volo, sic iubeo, sit pro ratione voluntas! (Juvenal, Saturae)

So will ich (es), und so befehle ich (es), mein Wille gelte als Begründung.

Silent leges inter arma. (Cicero, Pro T. Annio Milone)

Die Gesetze schweigen zwischen den Waffen. Wo die Waffen sprechen, haben die Gestze nichts zu sagen.

Si libet, licet. (Aelius Spartianus, Vita Antonini Caracallae)

Wenn es gefällt, ist es auch erlaubt.

Si vis pacem, para bellum!

(nach Vegetius, Epitoma rei militaris)

Wenn du Frieden willst, rüste zum Krieg!

Sustine et abstine! (nach Gellius, Noctes Atticae)

Halte aus und halte dich fern! empfahl Epiktet als Mittel gegen die Laster Intoleranz und Unenthaltsamkeit.

T

Testis unus, testis nullus. (Codex Justinianus)

Ein Zeuge ist kein Zeuge.

Tolle, lege! Tolle, lege!　　　(Augustinus, Confessiones)

Nimm, lies! Nimm, lies! forderte eine Stimme Augustinus auf, die Bibel aufzuschlagen und zu lesen. Damit begann seine Bekehrung zum Christentum.

Tolle moras!　　　(Lukan, Pharsalia)

Hör auf mit den Verzögerungen! Dann hat der Gegner weniger Zeit, sich zu wappnen.

Tunica propior pallio.　　　(Plautus, Trinummus)

Die Tunika ist mir näher als das Pallium. Das Hemd ist mir näher als der Rock.

Tu quoque?

Auch du? soll Cäsar bei seiner Ermordung den Freund Brutus gefragt haben.

U

Ubi bene, ibi patria.　　　(Cicero, Tusculanae disputationes)

Wo es mir gut geht, da ist mein Vaterland.

Ulcus est.   (Cicero, De natura deorum)

Es ist ein Geschwür, eine wunde Stelle, ein wunder Punkt.

unus pro multis

Einer für viele.

urbi et orbi

Der Stadt und dem Erdkreis gilt der österliche Segen des Papstes.

Ut desint vires, tamen est laudanda voluntas.
                    (Ovid, Epistulae ex Ponto)
Wenn auch die Kräfte fehlen, muß man doch den Willen loben.

V

Vare, redde legiones!   (Sueton, Vita divi Augusti)

Varus, gib meine Legionen zurück! soll Kaiser Augustus nach der Niederlage des Varus in Kalkriese immer wieder verzweifelt gerufen haben.

(Quia me) vestigia terrent.   (Horaz, Epistulae)

(Weil mich) die Fußspuren schrecken, sagt der Fuchs in der Fabel zum Löwen. Er sieht nämlich nur Spuren, die in die Höhle des Löwen hineinführen.

viribus unitis

Mit vereinten Kräften. Wahlspruch des österreichischen Kaisers Franz Joseph I.; Motto auf dem US-Dollar .

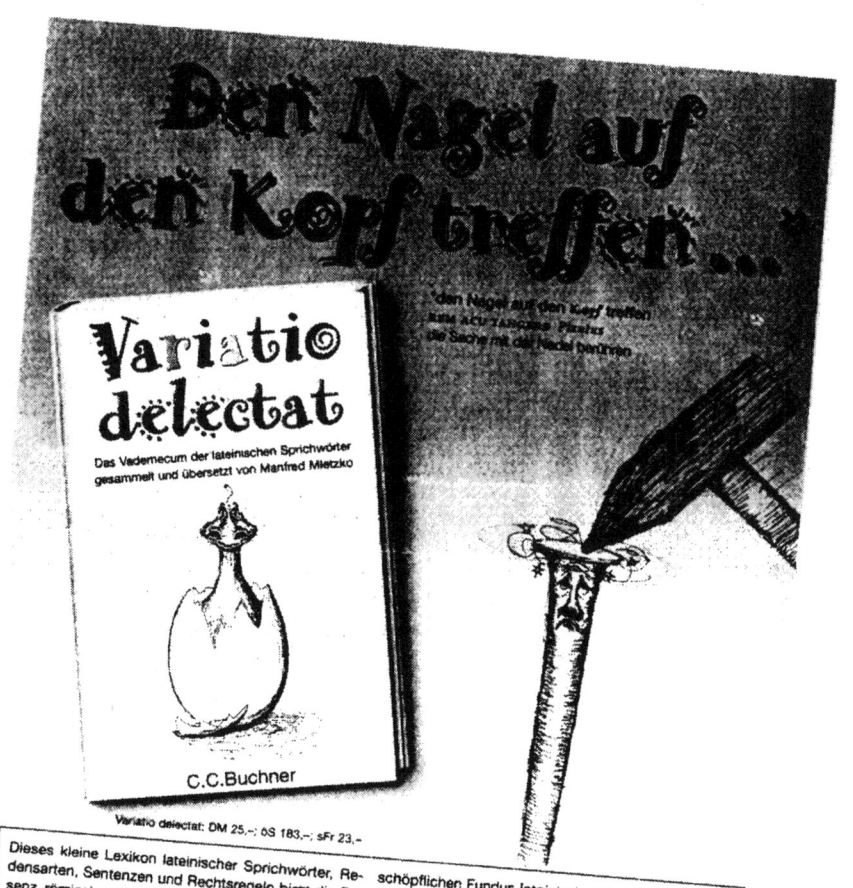

"Den Nagel auf den Kopf treffen..."

Variatio delectat

Das Vademecum der lateinischen Sprichwörter
gesammelt und übersetzt von Manfred Mletzko

C.C.Buchner

Variatio delectat: DM 25,–; öS 183,–; sFr 23.–

Dieses kleine Lexikon lateinischer Sprichwörter, Redensarten, Sentenzen und Rechtsregeln birgt die Essenz römischen Wesens: universale Humanität und Weltweisheit im Gewand von gedanklicher Kraft und sprachlicher Prägnanz.

Manfred Mletzko hat „geflügelte Worte" für alle Lebenslagen in einem handlichen Bändchen versammelt. „Variatio delectat" ist kein herkömmlicher Zitatenschatz. Der Verfasser schlägt den Bogen vom überkommenen Vorrat deutscher Wendungen zu dem unerschöpflichen Fundus lateinischer Spruchweisheit und bietet eine Blütenlese aus beiden synoptisch dar. Das Besondere dabei: Das Material ist alphabetisch nach deutschen Stichworten geordnet, durch die der Leser zu den lateinischen Entsprechungen geführt wird.

Ein wahrhaft köstliches und nützliches Bändchen für Doktoren und Dilettanten, Unkundige und Urbane, Magister und Ministranten, Rhetoren und Referendare, Philologen und Philantropen, Pädagogen, Primaner und Privatiers.

C.C.Buchner
Postfach 1269 · 96003 Bamberg
Telefon 09 51 / 9 65 01 - 0 · Telefax 09 51 / 6 17 74